화엄경 제36권(십지품 26-3) 해설

먼저 금강장보살의 게송이 계속된다.

"佛子聞此廣大行 ~ 所有行相願宣說"(pp.1~4)

제4지 염혜지(焰慧地)에 들어가려면 먼저 열가지 明門法(중생계·법계·세계·허공계·識界·욕계·색계·무색계·광심신해계·대심신해계 보살을 관찰하는 것)을 닦아 열 가지 지혜를 성숙시켜야 한다 하였다.(pp.5~7)

그리고 제4지에 머무는 사람은 자신의 몸 안팍 등 37조도품과 10바라밀, 4섭법을 관하여 열 가지 번뇌(十種煩惱)를 제거해야 한다 하고, 다시 게송으로 노래하였다.

"菩薩已淨淨藥地 ~ 唯願佛子爲宣說"(pp.27~42)

다음 제5 난승지(難勝地)에서는 10종 평등심(과거·현재·미래 청정심·戒·心·疑悔·道非道·智見·菩提分法·교화중생 평등심)을 닦아 갖가지 힘을 얻고 4제·진속2제 등을 통해 佛智를 구해야 한다(pp.43~51)고 하였다. 그리고 그 공덕에 대하여 여러 가지로 설한 뒤(pp.52~71) 다음과 같이 게송을 읊었다.

"菩薩四地已清淨 ~ 爲諸佛子宣說竟"(pp.72~85)

十地品第二十六之三 (십지품 제이십육지삼)

佛子聞此廣大行 (불자문차광대행)
可樂深妙殊勝法 (가락심묘수승법)
心皆勇悅大歡喜 (심개용열대환희)
普散衆華供養佛 (보산중화공양불)
演說如是妙法時 (연설여시묘법시)
大地海水皆震動 (대지해수개진동)

如 여	演 연	讚 찬	雨 우	自 자	悉 실	一 일
是 시	說 설	言 언	摩 마	在 재	吐 토	切 체
智 지	第 제	佛 불	尼 니	天 천	妙 묘	天 천
者 자	一 일	爲 위	寶 보	王 왕	音 음	女 녀
諸 제	功 공	我 아	供 공	大 대	同 동	咸 함
地 지	德 덕	出 출	養 양	欣 흔	讚 찬	歡 환
義 의	行 행	興 흥	佛 불	慶 경	歎 탄	喜 희

사경의 공덕은 십만억 부처님께 공양한 것과 같은 공덕이 있습니다.

於百千劫甚難得 (어백천겁심난득)

我今忽然而得聞 (아금홀연이득문)

菩薩勝行妙法音 (보살승행묘법음)

願更演說聰慧者 (원갱연설총혜자)

後地決定無餘道 (후지결정무여도)

利益一切諸天人 (이익일체제천인)

此諸佛子皆樂聞 (차제불자개락문)

第(제)	月(월)					
三(삼)	菩(보)	爾(이)				
地(지)	薩(살)	時(시)	所(소)	從(종)	請(청)	勇(용)
善(선)	言(언)	金(금)	有(유)	此(차)	金(금)	猛(맹)
清(청)	佛(불)	剛(강)	行(행)	轉(전)	剛(강)	大(대)
淨(정)	子(자)	藏(장)	相(상)	入(입)	藏(장)	心(심)
已(이)	菩(보)	菩(보)	願(원)	第(제)	言(언)	解(해)
欲(욕)	薩(살)	薩(살)	宣(선)	四(사)	佛(불)	脫(탈)
入(입)	摩(마)	告(고)	說(설)	地(지)	子(자)	月(월)
第(제)	訶(하)	解(해)				
四(사)	薩(살)	脫(탈)				

사경의 공덕은 십만억 부처님께 공양한 것과 같은 공덕이 있습니다.

薩 살	信 신	色 색	界 계	察 찰	等 등	焰 염
以 이	解 해	界 계	觀 관	法 법	爲 위	慧 혜
此 차	界 계	觀 관	察 찰	界 계	十 십	地 지
十 십	觀 관	察 찰	識 식	觀 관	所 소	當 당
法 법	察 찰	無 무	界 계	察 찰	謂 위	修 수
明 명	大 대	色 색	觀 관	世 세	觀 관	行 행
門 문	心 심	界 계	察 찰	界 계	察 찰	十 십
得 득	信 신	觀 관	欲 욕	觀 관	衆 중	法 법
入 입	解 해	察 찰	界 계	察 찰	生 생	明 명
第 제	界 계	廣 광	觀 관	虛 허	界 계	門 문
四 사	菩 보	心 심	察 찰	空 공	觀 관	何 하

滅 멸	淨 정	謂 위	內 내	能 능		焰 염
故 고	信 신	深 심	法 법	以 이	佛 불	慧 혜
觀 관	畢 필	心 심	生 생	十 십	子 자	地 지
諸 제	竟 경	不 불	如 여	種 종	菩 보	
法 법	不 불	退 퇴	來 래	智 지	薩 살	
自 자	壞 괴	故 고	家 가	成 성	住 주	
性 성	故 고	於 어	何 하	熟 숙	此 차	
無 무	觀 관	三 삼	等 등	法 법	焰 염	
生 생	諸 제	寶 보	爲 위	故 고	慧 혜	
故 고	行 행	中 중	十 십	得 득	地 지	
觀 관	生 생	生 생	所 소	彼 피	則 칙	

사경의 공덕은 십만억 부처님께 공양한 것과 같은 공덕이 있습니다.

間 간	內 내		有 유	業 업	觀 관	世 세
貪 탐	身 신	佛 불	盡 진	故 고	生 생	間 간
憂 우	循 순	子 자	故 고	觀 관	死 사	成 성
觀 관	身 신	菩 보	是 시	前 전	涅 열	壞 괴
外 외	觀 관	薩 살	爲 위	際 제	槃 반	故 고
身 신	勤 근	住 주	十 십	後 후	故 고	觀 관
循 순	勇 용	此 차		際 제	觀 관	因 인
身 신	念 념	第 제		故 고	衆 중	業 업
觀 관	知 지	四 사		觀 관	生 생	有 유
勤 근	除 제	地 지		無 무	國 국	生 생
勇 용	世 세	觀 관		所 소	土 토	故 고

사경의 공덕은 십만억 부처님께 공양한 것과 같은 공덕이 있습니다.

憂 우	循 순	循 순	循 순	憂 우	循 순	念 념
	法 법	心 심	受 수	如 여	身 신	知 지
	觀 관	觀 관	觀 관	是 시	觀 관	除 제
	勤 근	觀 관	觀 관	觀 관	勤 근	世 세
	勇 용	內 내	內 내	內 내	勇 용	間 간
	念 념	法 법	心 심	受 수	念 념	貪 탐
	知 지	外 외	外 외	外 외	知 지	憂 우
	除 제	法 법	心 심	受 수	除 제	觀 관
	世 세	內 내	內 내	內 내	世 세	內 내
	間 간	外 외	外 외	外 외	間 간	外 외
	貪 탐	法 법	心 심	受 수	貪 탐	身 신

復次此菩薩未生諸惡不善法爲不生故欲生勤精進發心正斷

已生諸惡不善法爲斷故欲生勤精進發心正斷

未生諸善法爲生故欲生勤精進發心正行

已生諸善法爲住不失故修令增廣故

부차차보살미생제악불선법위불생고욕생근정진발심정단 이생제악불선법위단고욕생근정진발심정단 미생제선법위생고욕생근정진발심정행 이생제선법위주불실고수령증광고

사경의 공덕은 십만억 부처님께 공양한 것과 같은 공덕이 있습니다.

欲生勤精進發心正行
욕생근정진발심정행

復次此菩薩修行欲定斷
부차차보살수행욕정단

行成就神足依止厭依止離
행성취신족의지염의지리

依止滅迴向於捨修行精進
의지멸회향어사수행정진

定心定觀定斷行成就神足
정심정관정단행성취신족

依止厭依止離依止滅迴向
의지염의지리의지멸회향

於捨
어사

사경의 공덕은 십만억 부처님께 공양한 것과 같은 공덕이 있습니다.

復(부)次(차)此(차)菩(보)薩(살)修(수)行(행)信(신)根(근)依(의)
止(지)厭(염)依(의)止(지)離(리)依(의)止(지)滅(멸)迴(회)向(향)於(어)
捨(사)修(수)行(행)精(정)進(진)根(근)念(념)根(근)定(정)根(근)慧(혜)
根(근)依(의)止(지)厭(염)依(의)止(지)離(리)依(의)止(지)滅(멸)迴(회)
向(향)於(어)捨(사)
復(부)次(차)此(차)菩(보)薩(살)修(수)行(행)信(신)力(력)依(의)
止(지)厭(염)依(의)止(지)離(리)依(의)止(지)滅(멸)迴(회)向(향)於(어)

사경의 공덕은 십만억 부처님께 공양한 것과 같은 공덕이 있습니다.

分 분	於 어	依 의		向 향	力 력	捨 사
喜 희	捨 사	止 지	復 부	於 어	依 의	修 수
覺 각	修 수	厭 염	次 차	捨 사	止 지	行 행
分 분	行 행	依 의	此 차		厭 염	精 정
猗 의	擇 택	止 지	菩 보		依 의	進 진
覺 각	法 법	離 리	薩 살		止 지	力 력
分 분	覺 각	依 의	修 수		離 리	念 념
定 정	分 분	止 지	行 행		依 의	力 력
覺 각	精 정	滅 멸	念 념		止 지	定 정
分 분	進 진	迴 회	覺 각		滅 멸	力 력
捨 사	覺 각	向 향	分 분		迴 회	慧 혜

依 의	命 명	捨 사	止 지		迴 회	覺 각
止 지	正 정	修 수	厭 염	復 부	向 향	分 분
離 리	精 정	行 행	依 의	次 차	於 어	依 의
依 의	進 진	正 정	止 지	此 차	捨 사	止 지
止 지	正 정	思 사	離 리	菩 보		厭 염
滅 멸	念 념	惟 유	依 의	薩 살		依 의
迴 회	正 정	正 정	止 지	修 수		止 지
向 향	定 정	語 어	滅 멸	行 행		離 리
於 어	依 의	正 정	迴 회	正 정		依 의
捨 사	止 지	業 업	向 향	見 견		止 지
	厭 염	正 정	於 어	依 의		滅 멸

사경의 공덕은 십만억 부처님께 공양한 것과 같은 공덕이 있습니다.

求 구	共 공	土 토	念 념	大 대	捨 사	
於 어	佛 불	故 고	一 일	悲 비	一 일	菩 보
上 상	法 법	成 성	切 체	爲 위	切 체	薩 살
上 상	相 상	就 취	智 지	首 수	衆 중	修 수
殊 수	好 호	如 여	智 지	故 고	生 생	行 행
勝 승	音 음	來 래	故 고	大 대	故 고	如 여
道 도	聲 성	力 력	成 성	慈 자	本 본	是 시
故 고	悉 실	無 무	就 취	成 성	願 원	功 공
隨 수	具 구	所 소	莊 장	就 취	所 소	德 덕
順 순	足 족	畏 외	嚴 엄	故 고	持 지	爲 위
所 소	故 고	不 불	佛 불	思 사	故 고	不 불

聞(문)甚(심)深(심)佛(불)解(해)脫(탈)故(고)思(사)惟(유)大(대)智(지)

善(선)巧(교)方(방)便(편)故(고)

佛(불)子(자)菩(보)薩(살)住(주)此(차)焰(염)慧(혜)地(지)所(소)

有(유)身(신)見(견)爲(위)首(수)我(아)人(인)衆(중)生(생)壽(수)命(명)

薀(온)界(계)處(처)所(소)起(기)執(집)著(착)出(출)沒(몰)思(사)惟(유)

觀(관)察(찰)治(치)故(고)我(아)所(소)故(고)財(재)物(물)故(고)著(착)

處(처)故(고)於(어)如(여)是(시)等(등)一(일)切(체)皆(개)離(리)

此(차)菩(보)薩(살)若(약)見(견)業(업)是(시)如(여)來(래)所(소)

訶(하)煩(번)惱(뇌)所(소)染(염)皆(개)悉(실)捨(사)離(리)若(약)見(견)

業(업)是(시)順(순)菩(보)薩(살)道(도)如(여)來(래)所(소)讚(찬)皆(개)

悉(실)修(수)行(행)

佛(불)子(자)此(차)菩(보)薩(살)隨(수)所(소)起(기)方(방)便(편)

慧(혜)修(수)集(집)於(어)道(도)及(급)助(조)道(도)分(분)如(여)是(시)

而(이)得(득)潤(윤)澤(택)心(심)柔(유)軟(연)心(심)調(조)順(순)心(심)

和 화		心 심	教 교	一 일	上 상	利 리
善 선	此 차		命 명	切 체	勝 승	益 익
同 동	菩 보		心 심	世 세	法 법	安 안
住 주	薩 살		隨 수	間 간	心 심	樂 락
安 안	知 지		所 소	心 심	求 구	心 심
樂 락	恩 은		聞 문	恭 공	殊 수	無 무
質 질	知 지		法 법	敬 경	勝 승	雜 잡
直 직	報 보		皆 개	尊 존	智 지	染 염
柔 유	恩 은		善 선	德 덕	慧 혜	心 심
軟 연	心 심		修 수	無 무	心 심	求 구
無 무	極 극		行 행	違 위	救 구	上 상

사경의 공덕은 십만억 부처님께 공양한 것과 같은 공덕이 있습니다.

稠(조)林(림)行(행)無(무)有(유)我(아)慢(만)善(선)受(수)教(교)誨(회)

得(득)說(설)者(자)意(의)此(차)菩(보)薩(살)如(여)是(시)忍(인)成(성)

就(취)如(여)是(시)調(조)柔(유)成(성)就(취)如(여)是(시)寂(적)滅(멸)

成(성)就(취)

如(여)是(시)忍(인)調(조)柔(유)寂(적)滅(멸)成(성)就(취)淨(정)

治(치)後(후)地(지)業(업)作(작)意(의)修(수)行(행)時(시)得(득)不(불)

休(휴)息(식)精(정)進(진)不(부)雜(잡)染(염)精(정)進(진)不(불)退(퇴)

垢 구	失 실		善 선	壞 괴	熾 치	轉 전
濁 탁	悟 오	是 시	分 분	精 정	然 연	精 정
斷 단	解 해	菩 보	別 별	進 진	精 정	進 진
諸 제	明 명	薩 살	道 도	成 성	進 진	廣 광
疑 의	利 리	心 심	非 비	熟 숙	無 무	大 대
惑 혹	善 선	界 계	道 도	一 일	等 등	精 정
明 명	根 근	清 청	精 정	切 체	等 등	進 진
斷 단	增 증	淨 정	進 진	衆 중	精 정	無 무
具 구	長 장	深 심		生 생	進 진	邊 변
足 족	離 리	心 심		精 정	無 무	精 정
喜 희	世 세	不 불		進 진	能 능	進 진

사경의 공덕은 십만억 부처님께 공양한 것과 같은 공덕이 있습니다.

皆 개	乃 내	百 백	願 원		皆 개	樂 락
恭 공	至 지	佛 불	力 력	佛 불	悉 실	充 충
敬 경	見 견	見 견	故 고	子 자	成 성	滿 만
尊 존	多 다	多 다	得 득	菩 보	就 취	佛 불
重 중	百 백	千 천	見 견	薩 살		親 친
承 승	千 천	佛 불	多 다	住 주		護 호
事 사	億 억	見 견	佛 불	此 차		念 념
供 공	那 나	多 다	所 소	焰 염		無 무
養 양	由 유	百 백	謂 위	慧 혜		量 량
衣 의	他 타	千 천	見 견	地 지		志 지
服 복	佛 불	佛 불	多 다	以 이		樂 락

又 우	復 부	敬 경	羅 라	以 이	以 이	臥 와
更 갱	於 어	聽 청	三 삼	此 차	奉 봉	具 구
修 수	彼 피	法 법	藐 먁	善 선	施 시	飮 음
治 치	諸 제	聞 문	三 삼	根 근	亦 역	食 식
深 심	佛 불	已 이	菩 보	皆 개	以 이	湯 탕
心 심	法 법	受 수	提 리	悉 실	供 공	藥 약
信 신	中 중	持 지	於 어	迴 회	養 양	一 일
解 해	出 출	具 구	彼 피	向 향	一 일	切 체
經 경	家 가	足 족	佛 불	阿 아	切 체	資 자
無 무	修 수	修 수	所 소	耨 뇩	衆 중	生 생
量 량	道 도	行 행	恭 공	多 다	僧 승	悉 실

사경의 공덕은 십만억 부처님께 공양한 것과 같은 공덕이 있습니다.

所 소	於 어	及 급	作 작		轉 전	百 백
不 불	此 차	菩 보	莊 장	佛 불	復 부	千 천
能 능	地 지	薩 살	嚴 엄	子 자	明 명	億 억
及 급	所 소	摩 마	具 구	譬 비	淨 정	那 나
如 여	有 유	訶 하	餘 여	如 여		由 유
摩 마	善 선	薩 살	所 소	金 금		他 타
尼 니	根 근	亦 역	有 유	師 사		劫 겁
寶 보	下 하	復 부	金 금	鍊 련		令 령
清 청	地 지	如 여	皆 개	治 치		諸 제
淨 정	善 선	是 시	不 불	眞 진		善 선
光 광	根 근	住 주	能 능	金 금		根 근

사경의 공덕은 십만억 부처님께 공양한 것과 같은 공덕이 있습니다.

多 다		煩 번	地 지	薩 살	能 능	輪 륜
十 십	此 차	惱 뇌	下 하	摩 마	及 급	能 능
波 바	菩 보	悉 실	地 지	訶 하	風 풍	放 방
羅 라	薩 살	不 불	菩 보	薩 살	雨 우	光 광
蜜 밀	於 어	能 능	薩 살	亦 역	等 등	明 명
中 중	四 사	壞 괴	所 소	復 부	緣 연	非 비
精 정	攝 섭		不 불	如 여	悉 실	諸 제
進 진	中 중		能 능	是 시	不 불	餘 여
偏 변	同 동		及 급	住 주	能 능	寶 보
多 다	事 사		衆 중	於 어	壞 괴	之 지
餘 여	偏 변		魔 마	此 차	菩 보	所 소

사경의 공덕은 십만억 부처님께 공양한 것과 같은 공덕이 있습니다.

非不修但隨力隨分佛子是
비불수단수력수분불자시

名略說菩薩摩訶薩第四焰
명략설보살마하살제사염

慧地
혜지

菩薩住此地多作須夜摩
보살주차지다작수야마

天王以善方便能除衆生身
천왕이선방편능제중생신

見等惑令住正見布施愛語
견등혹령주정견보시애어

利行同事如是一切諸所作
리행동사여시일체제소작

사경의 공덕은 십만억 부처님께 공양한 것과 같은 공덕이 있습니다.

是 시	上 상	殊 수	於 어	種 종	念 념	業 업
菩 보	乃 내	勝 승	一 일	一 일	僧 승	不 불
薩 살	至 지	爲 위	切 체	切 체	乃 내	離 리
若 약	爲 위	妙 묘	衆 중	智 지	至 지	念 념
發 발	一 일	爲 위	生 생	智 지	不 불	佛 불
勤 근	切 체	微 미	中 중	復 부	離 리	不 불
精 정	智 지	妙 묘	爲 위	作 작	念 념	離 리
進 진	智 지	爲 위	首 수	是 시	具 구	念 념
於 어	依 의	上 상	爲 위	念 념	足 족	法 법
一 일	止 지	爲 위	勝 승	我 아	一 일	不 불
念 념	者 자	無 무	爲 위	當 당	切 체	離 리

사경의 공덕은 십만억 부처님께 공양한 것과 같은 공덕이 있습니다.

至 지	示 시		一 일	數 수	佛 불	頃 경
百 백	現 현	若 약	一 일	世 세	得 득	得 득
千 천	過 과	以 이	身 신	界 계	知 지	入 입
億 억	於 어	菩 보	億 억	乃 내	億 억	億 억
那 나	此 차	薩 살	數 수	至 지	數 수	數 수
由 유	數 수	殊 수	菩 보	能 능	佛 불	三 삼
他 타	百 백	勝 승	薩 살	示 시	神 신	昧 매
劫 겁	劫 겁	願 원	以 이	現 현	力 력	得 득
不 불	千 천	力 력	爲 위	億 억	能 능	見 견
能 능	劫 겁	自 자	眷 권	數 수	動 동	億 억
數 수	乃 내	在 재	屬 속	身 신	億 억	數 수

사경의 공덕은 십만억 부처님께 공양한 것과 같은 공덕이 있습니다.

知(지)

爾(이) 時(시) 金(금) 剛(강) 藏(장) 菩(보) 薩(살) 欲(욕) 重(중) 宣(선)

其(기) 義(의) 而(이) 說(설) 頌(송) 言(언)

菩(보) 薩(살) 已(이) 淨(정) 第(제) 三(삼) 地(지)

次(차) 觀(관) 衆(중) 生(생) 世(세) 法(법) 界(계)

空(공) 界(계) 識(식) 界(계) 及(급) 三(삼) 界(계)

心(심) 解(해) 悉(실) 了(료) 能(능) 趣(취) 入(입)

觀 관	生 생	觀 관	觀 관	於 어	生 생	始 시
前 전	死 사	世 세	法 법	佛 불	如 여	登 등
後 후	涅 열	成 성	無 무	法 법	來 래	焰 염
際 제	槃 반	壞 괴	常 상	僧 승	家 가	地 지
亦 역	剎 찰	業 업	無 무	信 신	永 영	增 증
觀 관	等 등	有 유	有 유	不 불	不 불	勢 세
盡 진	業 업	生 생	起 기	壞 괴	退 퇴	力 력

惡 악	菩 보	世 세	身 신	轉 전	得 득	如 여
法 법	薩 살	間 간	受 수	更 갱	是 시	是 시
除 제	修 수	貪 탐	心 심	勤 근	法 법	修 수
滅 멸	治 치	愛 애	法 법	修 수	已 이	行 행
善 선	四 사	皆 개	內 내	四 사	增 증	生 생
增 증	勤 근	除 제	外 외	念 념	慈 자	佛 불
長 장	行 행	遣 견	觀 관	處 처	愍 민	家 가

四 사	亦 역	求 구	本 본	爲 위	七 칠	神 신
無 무	念 념	一 일	願 원	度 도	覺 각	足 족
所 소	如 여	切 체	所 소	衆 중	八 팔	根 근
畏 외	來 래	智 지	護 호	生 생	道 도	力 력
不 불	十 십	及 급	慈 자	修 수	亦 역	悉 실
共 공	種 종	佛 불	悲 비	彼 피	如 여	善 선
法 법	力 력	土 토	首 수	行 행	是 시	修 수

사경의 공덕은 십만억 부처님께 공양한 것과 같은 공덕이 있습니다.

此(차)	蘊(온)	我(아)	身(신)	及(급)	亦(역)	殊(수)
四(사)	界(계)	及(급)	見(견)	大(대)	求(구)	特(특)
地(지)	處(처)	我(아)	爲(위)	方(방)	妙(묘)	相(상)
中(중)	等(등)	所(소)	首(수)	便(편)	道(도)	好(호)
一(일)	諸(제)	無(무)	六(륙)	修(수)	解(해)	深(심)
切(체)	取(취)	量(량)	十(십)	行(행)	脫(탈)	美(미)
離(리)	著(착)	種(종)	二(이)	彼(피)	處(처)	音(음)

사경의 공덕은 십만억 부처님께 공양한 것과 같은 공덕이 있습니다.

如來所訶煩惱行 (여래소가번뇌행)
以無義利皆除斷 (이무의리개제단)
智者修行淸淨業 (지자수행청정업)
爲度衆生無不作 (위도중생무부작)
菩薩勤修不懈怠 (보살근수불해태)
卽得十心皆具足 (즉득십심개구족)
專求佛道無厭倦 (전구불도무염권)

其(기)	菩(보)	轉(전)	捨(사)	知(지)	恭(공)	志(지)
心(심)	薩(살)	更(갱)	慢(만)	恩(은)	敬(경)	期(기)
淸(청)	住(주)	精(정)	離(리)	易(이)	尊(존)	受(수)
淨(정)	此(차)	勤(근)	諂(첨)	誨(회)	德(덕)	職(직)
永(영)	焰(염)	不(불)	心(심)	無(무)	修(수)	度(도)
不(불)	慧(혜)	退(퇴)	調(조)	慍(온)	行(행)	衆(중)
失(실)	地(지)	轉(전)	柔(유)	暴(폭)	法(법)	生(생)

사경의 공덕은 십만억 부처님께 공양한 것과 같은 공덕이 있습니다.

菩 보	不 불	聽 청	供 공	此 차	疑 의	悟 오
薩 살	可 가	聞 문	那 나	地 지	網 망	解 해
住 주	沮 저	正 정	由 유	菩 보	垢 구	決 결
此 차	壞 괴	法 법	他 타	薩 살	濁 탁	定 정
具 구	如 여	亦 역	無 무	人 인	悉 실	善 선
功 공	眞 진	出 출	量 량	中 중	皆 개	增 증
德 덕	金 금	家 가	佛 불	勝 승	離 리	長 장

以智方便修行道
이지방편수행도

不爲衆魔心退轉
불위중마심퇴전

譬如妙寶無能壞
비여묘보무능괴

住此多作焰天王
주차다작염천왕

於法自在衆所尊
어법자재중소존

普化群生除惡見
보화군생제악견

專求佛智修善業
전구불지수선업

功 공	所 소	如 여	過 과	若 약	獲 획	菩 보
德 덕	行 행	是 시	於 어	以 이	三 삼	薩 살
義 의	淸 청	菩 보	此 차	願 원	昧 매	勤 근
智 지	淨 정	薩 살	數 수	智 지	等 등	加 가
共 공	微 미	第 제	無 무	力 력	皆 개	精 정
相 상	妙 묘	四 사	能 능	所 소	億 억	進 진
應 응	道 도	地 지	知 지	爲 위	數 수	力 력

사경의 공덕은 십만억 부처님께 공양한 것과 같은 공덕이 있습니다.

我爲佛子已宣說 (아위불자이선설)
菩薩聞此勝地行 (보살문차승지행)
於法解悟心歡喜 (어법해오심환희)
空中雨華讚歎言 (공중우화찬탄언)
善哉大士金剛藏 (선재대사금강장)
自在天王與天衆 (자재천왕여천중)
聞法踊躍住虛空 (문법용약주허공)

普放種種妙光雲
보방종종묘광운

供養如來喜充徧
공양여래희충변

天諸婇女奏天樂
천제채녀주천악

亦以言辭歌讚佛
역이언사가찬불

悉以菩薩威神故
실이보살위신고

於彼聲中發是言
어피성중발시언

佛願久遠今乃滿
불원구원금내만

大(대)	衆(중)	佛(불)	大(대)	利(이)	釋(석)	佛(불)
悲(비)	生(생)	光(광)	海(해)	天(천)	迦(가)	道(도)
音(음)	久(구)	久(구)	久(구)	人(인)	文(문)	久(구)
聲(성)	遠(원)	遠(원)	遠(원)	者(자)	佛(불)	遠(원)
久(구)	始(시)	今(금)	今(금)	久(구)	至(지)	今(금)
乃(내)	安(안)	乃(내)	始(시)	乃(내)	天(천)	乃(내)
聞(문)	樂(락)	放(방)	動(동)	見(견)	宮(궁)	得(득)

供 공	譬 비	大 대	不 불	最 최	憍 교	功 공
養 양	如 여	牟 모	染 염	極 극	慢 만	德 덕
能 능	須 수	尼 니	世 세	清 청	黑 흑	彼 피
盡 진	彌 미	尊 존	法 법	淨 정	暗 암	岸 안
一 일	出 출	現 현	猶 유	如 여	皆 개	皆 개
切 체	巨 거	於 어	蓮 련	虛 허	已 이	已 이
苦 고	海 해	世 세	華 화	空 공	滅 멸	到 도

사경의 공덕은 십만억 부처님께 공양한 것과 같은 공덕이 있습니다.

供養必得諸佛智
공양필득제불지

此應供處供無等
차응공처공무등

是故歡心供養佛
시고환심공양불

如是無量諸天女
여시무량제천녀

發此言辭稱讚已
발차언사칭찬이

一切恭敬喜充滿
일체공경희충만

瞻仰如來默然住
첨앙여래묵연주

是時大士解脫月
시시대사해탈월

復請無畏金剛藏
부청무외금강장

第五地中諸行相
제오지중제행상

唯願佛子爲宣說
유원불자위선설

爾時金剛藏菩薩告解脫
이시금강장보살고해탈

月菩薩言佛子菩薩摩訶薩
월보살언불자보살마하살

第四地所行道善圓滿已欲
제사지소행도선원만이욕

사경의 공덕은 십만억 부처님께 공양한 것과 같은 공덕이 있습니다.

入(입) 第(제) 五(오) 難(난) 勝(승) 地(지) 當(당) 以(이) 十(십) 種(종) 平(평)
等(등) 清(청) 淨(정) 心(심) 趣(취) 入(입) 何(하) 等(등) 爲(위) 十(십) 所(소)
謂(위) 於(어) 過(과) 去(거) 佛(불) 法(법) 平(평) 等(등) 清(청) 淨(정) 心(심)
未(미) 來(래) 佛(불) 法(법) 平(평) 等(등) 清(청) 淨(정) 心(심) 現(현) 在(재)
佛(불) 法(법) 平(평) 等(등) 清(청) 淨(정) 心(심) 戒(계) 平(평) 等(등) 清(청)
淨(정) 心(심) 心(심) 平(평) 等(등) 清(청) 淨(정) 心(심) 除(제) 見(견) 疑(의)
悔(회) 平(평) 等(등) 清(청) 淨(정) 心(심) 道(도) 非(비) 道(도) 智(지) 平(평)

等淸淨心修行智見平等淸
등청정심수행지견평등청

淨心於一切菩提分法上上
정심어일체보리분법상상

觀察平等淸淨心敎化一切
관찰평등청정심교화일체

衆生平等淸淨心菩薩摩訶
중생평등청정심보살마하

薩以此十種平等淸淨心得
살이차십종평등청정심득

入菩薩第五地
입보살제오지

佛子菩薩摩訶薩住此第
불자보살마하살주차제

照 조	息 식	集 집	於 어	故 고	善 선	五 오
明 명	故 고	福 복	一 일	隨 수	淨 정	地 지
上 상	出 출	智 지	切 체	順 순	深 심	已 이
上 상	生 생	助 조	衆 중	眞 진	心 심	以 이
地 지	善 선	道 도	生 생	如 여	故 고	善 선
故 고	巧 교	故 고	慈 자	故 고	復 부	修 수
受 수	方 방	精 정	愍 민	願 원	轉 전	菩 보
如 여	便 편	勤 근	不 불	力 력	求 구	提 리
來 래	故 고	修 수	捨 사	所 소	上 상	分 분
護 호	觀 관	習 습	故 고	持 지	勝 승	法 법
念 념	察 찰	不 불	積 적	故 고	道 도	故 고

사경의 공덕은 십만억 부처님께 공양한 것과 같은 공덕이 있습니다.

故(고)念(념)智(지)力(력)所(소)持(지)故(고)得(득)不(불)退(퇴)轉(전)

心(심)

佛(불)子(자)此(차)菩(보)薩(살)摩(마)訶(하)薩(살)如(여)實(실)

知(지)此(차)是(시)苦(고)聖(성)諦(제)此(차)是(시)苦(고)集(집)聖(성)

諦(재)此(차)是(시)苦(고)滅(멸)聖(성)諦(제)此(차)是(시)苦(고)滅(멸)

道(도)聖(성)諦(제)善(선)知(지)俗(속)諦(제)善(선)知(지)第(제)一(일)

義(의)諦(제)善(선)知(지)相(상)諦(제)善(선)知(지)差(차)別(별)諦(제)

사경의 공덕은 십만억 부처님께 공양한 것과 같은 공덕이 있습니다.

喜 희		成 성	第 제	道 도	生 생	善 선
故 고	此 차	就 취	成 성	智 지	諦 제	知 지
知 지	菩 보	諦 제	就 취	諦 제	善 선	成 성
俗 속	薩 살		諦 제	善 선	知 지	立 립
諦 제	隨 수		乃 내	知 지	盡 진	諦 제
通 통	衆 중		至 지	一 일	無 무	善 선
達 달	生 생		善 선	切 체	生 생	知 지
一 일	心 심		知 지	菩 보	諦 제	事 사
實 실	樂 락		如 여	薩 살	善 선	諦 제
相 상	令 령		來 래	地 지	知 지	善 선
故 고	歡 환		智 지	次 차	入 입	知 지

盡 진	生 생	知 지	故 고	故 고	故 고	知 지
無 무	諦 제	事 사	知 지	知 지	知 지	第 제
生 생	一 일	諦 제	成 성	差 차	相 상	一 일
智 지	切 체	覺 각	立 립	別 별	諦 제	義 의
諦 제	熱 열	諸 제	諦 제	諦 제	了 료	諦 제
出 출	惱 뇌	趣 취	覺 각	善 선	諸 제	覺 각
生 생	畢 필	生 생	身 신	分 분	法 법	法 법
無 무	竟 경	相 상	心 심	別 별	分 분	自 자
二 이	滅 멸	續 속	苦 고	蘊 온	位 위	相 상
故 고	故 고	故 고	惱 뇌	界 계	差 차	共 공
知 지	知 지	知 지	故 고	處 처	別 별	相 상

사경의 공덕은 십만억 부처님께 공양한 것과 같은 공덕이 있습니다.

入道智諦正覺一切行相故
입도지제정각일체행상고

善知一切菩薩地次第相續
선지일체보살지차제상속

成就乃至如來智成就諦以
성취내지여래지성취제이

信解智力知非以究竟智力
신해지력지비이구경지력

知
지

佛子此菩薩摩訶薩得如
불자차보살마하살득여

是諸諦智已如實知一切有
시제체지이여실지일체유

爲(위) 法(법) 虛(허) 妄(망) 詐(사) 僞(위) 誑(광) 惑(혹) 愚(우) 夫(부) 菩(보)

薩(살) 爾(이) 時(시) 於(어) 諸(제) 衆(중) 生(생) 轉(전) 增(증) 大(대) 悲(비)

生(생) 大(대) 慈(자) 光(광) 明(명)

佛(불) 子(자) 此(차) 菩(보) 薩(살) 摩(마) 訶(하) 薩(살) 得(득) 如(여)

是(시) 智(지) 力(력) 不(불) 捨(사) 一(일) 切(체) 衆(중) 生(생) 常(상) 求(구)

佛(불) 智(지) 如(여) 實(실) 觀(관) 一(일) 切(체) 有(유) 爲(위) 行(행) 前(전)

際(제) 後(후) 際(제) 知(지) 從(종) 前(전) 際(제) 無(무) 明(명) 有(유) 愛(애)

知 지	斷 단	亦 역	身 신	者 자	能 능	故 고
	盡 진	如 여	者 자	無 무	動 동	生 생
	出 출	是 시	離 리	養 양	出 출	生 생
	離 리	皆 개	我 아	育 육	增 증	死 사
	若 약	無 무	我 아	者 자	長 장	流 류
	有 유	所 소	所 소	無 무	苦 고	轉 전
	若 약	有 유	如 여	更 갱	聚 취	於 어
	無 무	虛 허	前 전	數 수	無 무	諸 제
	皆 개	妄 망	際 제	取 취	我 아	蘊 온
	如 여	貪 탐	後 후	後 후	無 무	宅 택
	實 실	著 착	際 제	趣 취	壽 수	不 불

사경의 공덕은 십만억 부처님께 공양한 것과 같은 공덕이 있습니다.

宅 택	隨 수	生 생	當 당	爲 위	是 시	
不 불	生 생	厭 염	滅 멸	可 가	念 념	佛 불
求 구	死 사	想 상	如 여	愍 민	此 차	子 자
出 출	流 류	轉 전	是 시	有 유	諸 제	此 차
離 리	不 불	更 갱	盡 진	無 무	凡 범	菩 보
不 부	能 능	增 증	滅 멸	數 수	夫 부	薩 살
知 지	還 환	長 장	不 불	身 신	愚 우	摩 마
憂 우	返 반	機 기	能 능	已 이	癡 치	訶 하
畏 외	於 어	關 관	於 어	滅 멸	無 무	薩 살
四 사	諸 제	苦 고	身 신	今 금	智 지	復 부
大 대	薀 온	事 사	而 이	滅 멸	甚 심	作 작

사경의 공덕은 십만억 부처님께 공양한 것과 같은 공덕이 있습니다.

毒蛇不能拔出諸慢見箭不
독사불능발출제만견전불

能息滅貪恚癡火不能破壞
능식멸탐에치화불능파괴

無明黑暗不能乾竭愛欲大
무명흑암불능건갈애욕대

海不求十力大聖導師入魔
해불구십력대성도사입마

意稠林於生死海中爲覺觀
의조림어생사해중위각관

波濤之所漂溺
파도지소표닉

佛子此菩薩摩訶薩復作
불자차보살마하살부작

사경의 공덕은 십만억 부처님께 공양한 것과 같은 공덕이 있습니다.

畢 필	求 구	福 복	裏 리	無 무	窮 궁	是 시
竟 경	伴 반	智 지	我 아	導 도	困 곤	念 념
淸 청	侶 려	助 조	今 금	無 무	迫 박	此 차
淨 정	以 이	道 도	爲 위	目 목	無 무	諸 제
乃 내	是 시	之 지	彼 피	無 무	救 구	衆 중
至 지	功 공	法 법	一 일	明 명	無 무	生 생
獲 획	德 덕	獨 독	切 체	覆 복	依 의	受 수
得 득	令 령	一 일	衆 중	翳 예	無 무	如 여
如 여	諸 제	發 발	生 생	黑 흑	洲 주	是 시
來 래	衆 중	心 심	修 수	暗 암	無 무	苦 고
十 십	生 생	不 불	行 행	纏 전	舍 사	孤 고

사경의 공덕은 십만억 부처님께 공양한 것과 같은 공덕이 있습니다.

切 체	衆 중	生 생	救 구	是 시		力 력
衆 중	生 생	安 안	護 호	智 지	佛 불	無 무
生 생	成 성	樂 락	一 일	慧 혜	子 자	礙 애
攝 섭	就 취	一 일	切 체	觀 관	此 차	智 지
受 수	一 일	切 체	衆 중	察 찰	菩 보	慧 혜
一 일	切 체	衆 중	生 생	所 소	薩 살	
切 체	衆 중	生 생	利 리	修 수	摩 마	
衆 중	生 생	哀 애	益 익	善 선	訶 하	
生 생	解 해	愍 민	一 일	根 근	薩 살	
令 령	脫 탈	一 일	切 체	皆 개	以 이	
一 일	一 일	切 체	衆 중	爲 위	如 여	

切衆生離諸苦惱令一切衆 (체중생리제고뇌령일체중)

生普得淸淨令一切衆生悉 (생보득청정령일체중생실)

皆調伏令一切衆生入般涅 (개조복령일체중생입반열)

槃 (반)

佛子菩薩摩訶薩住此第 (불자보살마하살주차제)

五難勝地名爲念者不忘諸 (오난승지명위념자불망제)

法故名爲智者能善決了故 (법고명위지자능선결료고)

사경의 공덕은 십만억 부처님께 공양한 것과 같은 공덕이 있습니다.

差 차	名 명	故 고	故 고	他 타	連 련	名 명
別 별	爲 위	名 명	名 명	故 고	合 합	爲 위
故 고	隨 수	爲 위	爲 위	名 명	故 고	有 유
名 명	慧 혜	隨 수	覺 각	爲 위	名 명	趣 취
爲 위	者 자	智 지	者 자	堅 견	爲 위	者 자
神 신	善 선	者 자	能 능	固 고	慚 참	知 지
通 통	知 지	不 불	觀 관	者 자	愧 괴	經 경
者 자	義 의	隨 수	是 시	不 불	者 자	意 의
善 선	非 비	於 어	處 처	捨 사	自 자	趣 취
修 수	義 의	他 타	非 비	戒 계	護 호	次 차
禪 선	句 구	故 고	處 처	行 행	護 호	第 제

사경의 공덕은 십만억 부처님께 공양한 것과 같은 공덕이 있습니다.

勤 근	令 령	慈 자	智 지	福 복	世 세	定 정
求 구	一 일	悲 비	慧 혜	德 덕	行 행	故 고
不 불	切 체	故 고	故 고	故 고	故 고	名 명
懈 해	衆 중	名 명	名 명	名 명	名 명	爲 위
者 자	生 생	爲 위	爲 위	爲 위	爲 위	方 방
求 구	入 입	爲 위	不 불	不 불	無 무	便 편
如 여	涅 열	他 타	疲 피	休 휴	厭 염	善 선
來 래	槃 반	勤 근	倦 권	息 식	足 족	巧 교
力 력	故 고	修 수	者 자	者 자	者 자	者 자
無 무	名 명	者 자	集 집	常 상	善 선	能 능
畏 외	爲 위	欲 욕	大 대	求 구	集 집	隨 수

사경의 공덕은 십만억 부처님께 공양한 것과 같은 공덕이 있습니다.

教 교	法 법	身 신	名 명	種 종	成 성	不 불
而 이	者 자	語 어	爲 위	種 종	就 취	共 공
行 행	於 어	意 의	常 상	善 선	莊 장	法 법
故 고	一 일	故 고	勤 근	業 업	嚴 엄	故 고
名 명	切 체	名 명	修 수	者 자	佛 불	名 명
爲 위	菩 보	爲 위	習 습	能 능	土 토	爲 위
心 심	薩 살	大 대	者 자	具 구	故 고	發 발
無 무	法 법	尊 존	求 구	足 족	名 명	意 의
障 장	師 사	重 중	莊 장	相 상	爲 위	能 능
礙 애	處 처	恭 공	嚴 엄	好 호	勤 근	行 행
者 자	如 여	敬 경	佛 불	故 고	修 수	者 자

사경의 공덕은 십만억 부처님께 공양한 것과 같은 공덕이 있습니다.

現 현	愛 애	修 수		一 일	日 일	以 이
色 색	語 어	行 행	佛 불	切 체	夜 야	大 대
身 신	利 리	時 시	子 자	衆 중	遠 원	方 방
教 교	行 행	以 이	菩 보	生 생	離 리	便 편
化 화	同 동	布 보	薩 살	故 고	餘 여	常 상
衆 중	事 사	施 시	摩 마		心 심	行 행
生 생	教 교	教 교	訶 하		者 자	世 세
演 연	化 화	化 화	薩 살		常 상	間 간
說 설	衆 중	衆 중	如 여		樂 락	故 고
諸 제	生 생	生 생	是 시		教 교	名 명
法 법	示 시	以 이	勤 근		化 화	爲 위

사경의 공덕은 십만억 부처님께 공양한 것과 같은 공덕이 있습니다.

	種 종	生 생	稱 칭	衆 중	衆 중	教 교
佛 불	種 종	現 현	讚 찬	生 생	生 생	化 화
子 자	方 방	大 대	如 여	示 시	顯 현	衆 중
此 차	便 편	神 신	來 래	生 생	示 시	生 생
菩 보	行 행	通 통	智 지	死 사	如 여	開 개
薩 살	教 교	力 력	慧 혜	過 과	來 래	示 시
摩 마	化 화	教 교	利 리	患 환	大 대	菩 보
訶 하	衆 중	化 화	益 익	教 교	威 위	薩 살
薩 살	生 생	衆 중	教 교	化 화	力 력	行 행
能 능		生 생	化 화	衆 중	教 교	教 교
如 여		以 이	衆 중	生 생	化 화	化 화

사경의 공덕은 십만억 부처님께 공양한 것과 같은 공덕이 있습니다.

地 지	習 습	益 익		退 퇴	續 속	是 시
水 수	所 소	衆 중	佛 불	轉 전	趣 취	勤 근
火 화	謂 위	生 생	子 자	常 상	佛 불	方 방
風 풍	文 문	故 고	此 차	勤 근	智 지	便 편
種 종	字 자	世 세	菩 보	修 수	慧 혜	敎 교
種 종	算 산	間 간	薩 살	學 학	所 소	化 화
諸 제	數 수	技 기	摩 마	殊 수	作 작	衆 중
論 론	圖 도	藝 예	訶 하	勝 승	善 선	生 생
咸 함	書 서	靡 미	薩 살	行 행	根 근	心 심
所 소	印 인	不 불	爲 위	法 법	無 무	恒 항
通 통	璽 새	該 해	利 리		有 유	相 상

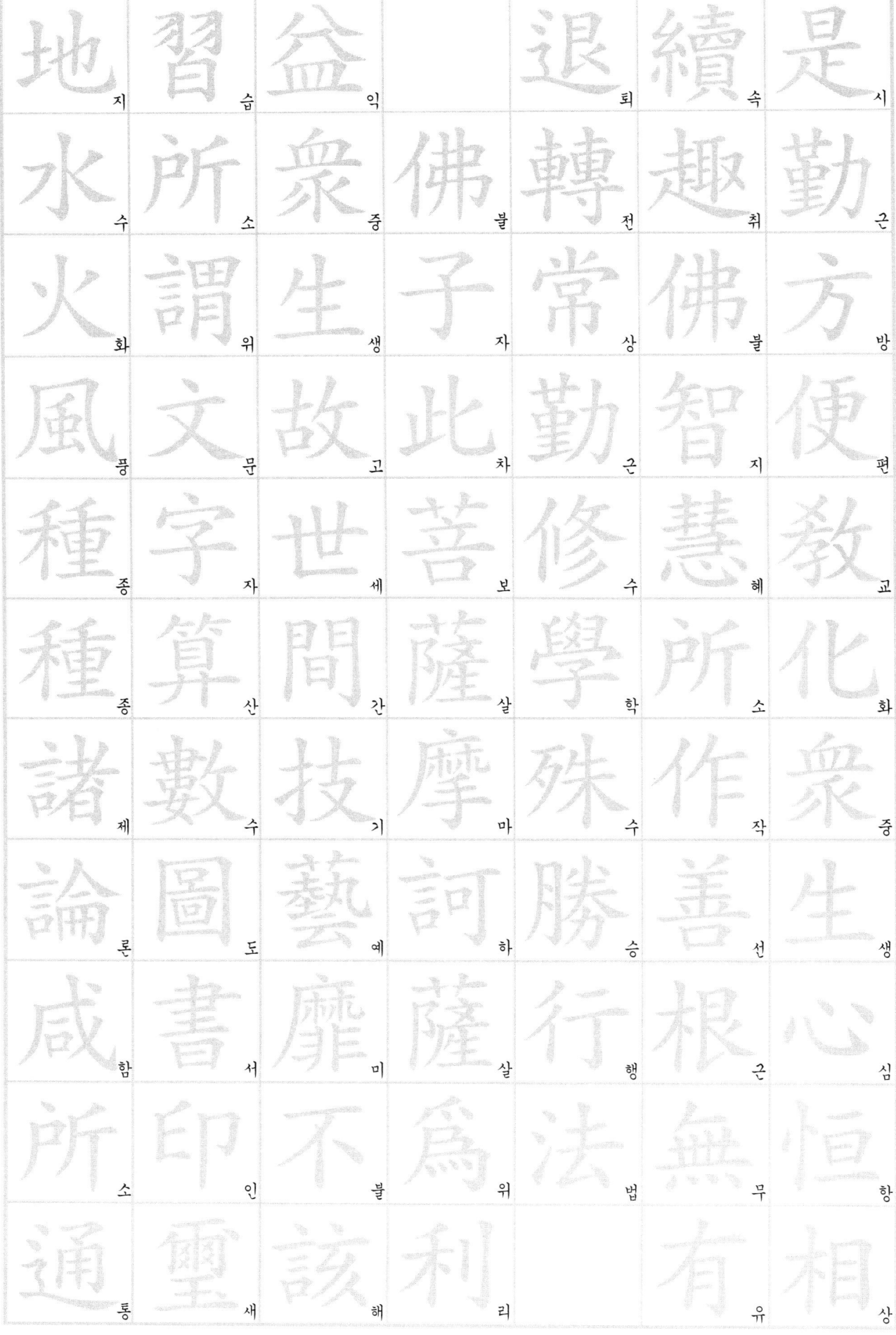

珠 주	布 포	苑 원	悉 실	筆 필	乾 건	達 달
瑠 류	列 렬	泉 천	善 선	讚 찬	消 소	又 우
璃 리	咸 함	流 류	其 기	詠 영	鬼 귀	善 선
螺 나	得 득	陂 파	事 사	歌 가	魅 매	方 방
貝 패	其 기	池 지	國 국	舞 무	蠱 고	藥 약
璧 벽	宜 의	草 초	城 성	妓 기	毒 독	療 요
玉 옥	金 금	樹 수	村 촌	樂 악	悉 실	治 치
珊 산	銀 은	華 화	邑 읍	戲 희	能 능	諸 제
瑚 호	摩 마	藥 약	宮 궁	笑 소	除 제	病 병
等 등	尼 니	凡 범	宅 택	談 담	斷 단	顚 전
藏 장	眞 진	所 소	園 원	說 설	文 문	狂 광

사경의 공덕은 십만억 부처님께 공양한 것과 같은 공덕이 있습니다.

開 개	生 생	及 급	戒 계	休 휴	宿 숙	悉 실
示 시	不 불	餘 여	入 입	咎 구	鳥 조	知 지
漸 점	爲 위	一 일	禪 선	咸 함	鳴 명	其 기
令 령	損 손	切 체	神 신	善 선	地 지	處 처
安 안	惱 뇌	世 세	通 통	觀 관	震 진	出 출
住 주	爲 위	間 간	無 무	察 찰	夜 야	以 이
無 무	利 리	之 지	量 량	一 일	夢 몽	示 시
上 상	益 익	事 사	四 사	無 무	吉 길	人 인
佛 불	故 고	但 단	無 무	錯 착	凶 흉	日 일
法 법	咸 함	於 어	色 색	謬 류	身 신	月 월
	悉 실	衆 중	等 등	持 지	相 상	星 성

사경의 공덕은 십만억 부처님께 공양한 것과 같은 공덕이 있습니다.

以 이	飮 음	悉 실	乃 내	百 백	願 원	
奉 봉	食 식	恭 공	至 지	佛 불	力 력	佛 불
施 시	臥 와	敬 경	見 견	見 견	故 고	子 자
亦 역	具 구	尊 존	多 다	多 다	得 득	菩 보
以 이	湯 탕	重 중	百 백	千 천	見 견	薩 살
供 공	藥 약	承 승	千 천	佛 불	多 다	住 주
養 양	一 일	事 사	億 억	見 견	佛 불	是 시
一 일	切 체	供 공	那 나	多 다	所 소	難 난
切 체	資 자	養 양	由 유	百 백	謂 위	勝 승
衆 중	生 생	衣 의	他 타	千 천	見 견	地 지
僧 승	悉 실	服 복	佛 불	佛 불	多 다	以 이

사경의 공덕은 십만억 부처님께 공양한 것과 같은 공덕이 있습니다.

劫 겁	聞 문	家 가	彼 피	法 법	藐 먁	以 이
經 경	持 지	已 이	諸 제	聞 문	三 삼	此 차
於 어	法 법	又 우	佛 불	已 이	菩 보	善 선
千 천	師 사	更 갱	法 법	受 수	提 리	根 근
劫 겁	住 주	聞 문	中 중	持 지	於 어	迴 회
乃 내	此 차	法 법	而 이	隨 수	諸 제	向 향
至 지	地 지	得 득	得 득	力 력	佛 불	阿 아
無 무	中 중	陀 다	出 출	修 수	所 소	耨 뇩
量 량	經 경	羅 라	家 가	行 행	恭 공	多 다
百 백	於 어	尼 니	旣 기	復 부	敬 경	羅 라
千 천	百 백	爲 위	出 출	於 어	聽 청	三 삼

사경의 공덕은 십만억 부처님께 공양한 것과 같은 공덕이 있습니다.

億(억)那(나)由(유)他(타)劫(겁)所(소)有(유)善(선)根(근)轉(전)更(갱)
明(명)淨(정)
佛(불)子(자)譬(비)如(여)眞(진)金(금)以(이)硨(자)磲(거)磨(마)
瑩(영)轉(전)更(갱)明(명)淨(정)此(차)地(지)菩(보)薩(살)所(소)有(유)
善(선)根(근)亦(역)復(부)如(여)是(시)以(이)方(방)便(편)慧(혜)思(사)
惟(유)觀(관)察(찰)轉(전)更(갱)明(명)淨(정)
佛(불)子(자)菩(보)薩(살)住(주)此(차)難(난)勝(승)地(지)以(이)

사경의 공덕은 십만억 부처님께 공양한 것과 같은 공덕이 있습니다.

亦 역	方 방	菩 보	壞 괴	宮 궁	所 소	方 방
非 비	便 편	薩 살	亦 역	殿 전	不 불	便 편
一 일	智 지	所 소	非 비	光 광	能 능	智 지
切 체	隨 수	有 유	餘 여	明 명	及 급	成 성
聲 성	逐 축	善 선	風 풍	風 풍	佛 불	就 취
聞 문	觀 관	根 근	所 소	力 력	子 자	功 공
獨 독	察 찰	亦 역	能 능	所 소	如 여	德 덕
覺 각	不 불	復 부	傾 경	持 지	日 일	下 하
世 세	可 가	如 여	動 동	不 불	月 월	地 지
間 간	沮 저	是 시	此 차	可 가	星 성	善 선
善 선	壞 괴	以 이	地 지	沮 저	宿 수	根 근

사경의 공덕은 십만억 부처님께 공양한 것과 같은 공덕이 있습니다.

天 천		訶 하	隨 수	羅 라		根 근
王 왕	菩 보	薩 살	分 분	蜜 밀	此 차	所 소
於 어	薩 살	第 제	佛 불	偏 변	菩 보	能 능
諸 제	住 주	五 오	子 자	多 다	薩 살	傾 경
衆 중	此 차	難 난	是 시	餘 여	十 십	動 동
生 생	地 지	勝 승	名 명	非 비	波 바	
所 소	多 다	地 지	略 략	不 불	羅 라	
作 작	作 작		說 설	修 수	蜜 밀	
自 자	兜 도		菩 보	但 단	中 중	
在 재	率 솔		薩 살	隨 수	禪 선	
摧 최	陀 타		摩 마	力 력	波 바	

生 생	切 체	乃 내	離 리	事 사	住 주	伏 복
中 중	智 지	至 지	念 념	如 여	實 실	一 일
爲 위	智 지	不 불	佛 불	是 시	諦 제	切 체
首 수	復 부	離 리	不 불	一 일	中 중	外 외
爲 위	作 작	念 념	離 리	切 체	布 보	道 도
勝 승	是 시	具 구	念 념	諸 제	施 시	邪 사
爲 위	念 념	足 족	法 법	所 소	愛 애	見 견
殊 수	我 아	一 일	不 불	作 작	語 어	能 능
勝 승	當 당	切 체	離 리	業 업	利 리	令 령
爲 위	於 어	種 종	念 념	皆 개	行 행	衆 중
妙 묘	衆 중	一 일	僧 승	不 불	同 동	生 생

사경의 공덕은 십만억 부처님께 공양한 것과 같은 공덕이 있습니다.

薩 살	現 현	力 력	三 삼	發 발	一 일	爲 위
以 이	千 천	能 능	昧 매	勤 근	切 체	微 미
爲 위	億 억	動 동	見 견	精 정	智 지	妙 묘
眷 권	身 신	千 천	千 천	進 진	智 지	爲 위
屬 속	一 일	億 억	億 억	於 어	依 의	上 상
若 약	一 일	佛 불	佛 불	一 일	止 지	爲 위
以 이	身 신	世 세	知 지	念 념	者 자	無 무
菩 보	示 시	界 계	千 천	頃 경	此 차	上 상
薩 살	千 천	乃 내	億 억	得 득	菩 보	乃 내
殊 수	億 억	至 지	佛 불	千 천	薩 살	至 지
勝 승	菩 보	示 시	神 신	億 억	若 약	爲 위

사경의 공덕은 십만억 부처님께 공양한 것과 같은 공덕이 있습니다.

願力自在示現過於此數百 (원력자재시현과어차수백)

劫千劫乃至百千億那由他 (겁천겁내지백천억나유타)

劫不能數知 (겁불능수지)

爾時金剛藏菩薩欲重宣 (이시금강장보살욕중선)

其義而說頌曰 (기의이설송왈)

菩薩四地已清淨 (보살사지이청정)

思惟三世佛平等 (사유삼세불평등)

사경의 공덕은 십만억 부처님께 공양한 것과 같은 공덕이 있습니다.

慚 참	勇 용	五 오	正 정	念 염	如 여	戒 계
愧 괴	健 건	力 력	勤 근	處 처	是 시	心 심
爲 위	不 불	堅 견	爲 위	爲 위	觀 관	除 제
衣 의	退 퇴	鎧 개	馬 마	弓 궁	察 찰	疑 의
覺 각	入 입	破 파	神 신	根 근	入 입	道 도
分 분	五 오	怨 원	足 족	利 리	五 오	非 비
鬘 만	地 지	敵 적	車 거	箭 전	地 지	道 도

사경의 공덕은 십만억 부처님께 공양한 것과 같은 공덕이 있습니다.

淨戒爲香禪塗香 (정계위향선도향)
智慧方便妙莊嚴 (지혜방편묘장엄)
入總持林三昧苑 (입총지림삼배원)
如意爲足正念頸 (여의위족정념경)
慈悲爲眼智慧牙 (자비위안지혜아)
人中師子無我吼 (인중사자무아후)
破煩惱怨入五地 (파번뇌원입오지)

사경의 공덕은 십만억 부처님께 공양한 것과 같은 공덕이 있습니다.

菩薩住此第五地
보살주차제오지

轉修勝上清淨道
전수승상청정도

志求佛法不退轉
지구불법불퇴전

思念慈悲無厭倦
사념자비무염권

積集福智勝功德
적집복지승공덕

精勤方便觀上地
정근방편관상지

佛力所加具念慧
불력소가구념혜

了知四諦皆如實 (요지사제개여실)
善知世諦勝義諦 (선지세제승의제)
相諦差別成立諦 (상제차별성립제)
事諦盡生及道諦 (사제진생급도제)
乃至如來無礙諦 (내지여래무애제)
如是觀諦雖微妙 (여시관체수미묘)
未得無礙勝解脫 (미득무애승해탈)

사경의 공덕은 십만억 부처님께 공양한 것과 같은 공덕이 있습니다.

以此能生大功德 (이차능생대공덕)
是故超過世智慧 (시고초과세지혜)
既觀諦已知有爲 (기관제이지유위)
體性虛僞無堅實 (체성허위무견실)
得佛慈愍光明分 (득불자민광명분)
爲利衆生求佛智 (위리중생구불지)
觀諸有爲先後際 (관제유위선후제)

사경의 공덕은 십만억 부처님께 공양한 것과 같은 공덕이 있습니다.

此 차	迷 미	欲 욕	愛 애	無 무	流 유	無 무
等 등	妄 망	求 구	取 취	我 아	轉 전	明 명
可 가	漂 표	邊 변	爲 위	無 무	遲 지	黑 흑
愍 민	流 류	際 제	因 인	人 인	廻 회	暗 암
我 아	無 무	不 불	受 수	無 무	苦 고	愛 애
應 응	返 반	可 가	來 래	壽 수	聚 취	纏 전
度 도	期 기	得 득	苦 고	命 명	中 중	縛 박

사경의 공덕은 십만억 부처님께 공양한 것과 같은 공덕이 있습니다.

名 명	所 소	如 여	苦 고	愛 애	心 심	蘊 온
爲 위	作 작	是 시	海 해	河 하	火 화	宅 택
有 유	皆 개	知 지	淪 륜	漂 표	猛 맹	界 계
念 념	爲 위	已 이	湑 서	轉 전	熾 치	蛇 사
有 유	度 도	勤 근	闕 궐	不 불	癡 치	諸 제
慧 혜	衆 중	精 정	明 명	暇 가	暗 암	見 견
者 자	生 생	進 진	導 도	觀 관	重 중	箭 전

善(선)	爲(위)	如(여)	國(국)	恭(공)	習(습)	乃(내)
知(지)	欲(욕)	是(시)	土(토)	敬(경)	行(행)	至(지)
書(서)	敎(교)	一(일)	相(상)	多(다)	福(복)	覺(각)
數(수)	化(화)	切(체)	好(호)	聞(문)	智(지)	解(해)
印(인)	諸(제)	爲(위)	皆(개)	不(불)	無(무)	方(방)
等(등)	世(세)	衆(중)	莊(장)	疲(피)	厭(염)	便(편)
法(법)	間(간)	生(생)	嚴(엄)	倦(권)	足(족)	者(자)

사경의 공덕은 십만억 부처님께 공양한 것과 같은 공덕이 있습니다.

日 일	利 이	寶 보	宮 궁	文 문	療 요	亦 역
月 월	益 익	藏 장	宅 택	辭 사	治 치	復 부
星 성	無 무	非 비	園 원	歌 가	衆 중	善 선
宿 수	量 량	一 일	池 지	舞 무	病 병	解 해
地 지	衆 중	咸 함	悉 실	皆 개	悉 실	諸 제
震 진	生 생	示 시	安 안	巧 교	令 령	方 방
動 동	故 고	人 인	隱 은	妙 묘	愈 유	藥 약

사경의 공덕은 십만억 부처님께 공양한 것과 같은 공덕이 있습니다.

所 소	如 여	供 공	智 지	爲 위	四 사	乃 내
有 유	以 이	那 나	者 자	益 익	禪 선	至 지
善 선	妙 묘	由 유	住 주	世 세	無 무	身 신
根 근	寶 보	佛 불	此 차	間 간	色 색	相 상
轉 전	磨 마	亦 역	難 난	皆 개	及 급	亦 역
明 명	眞 진	聽 청	勝 승	顯 현	神 신	觀 관
淨 정	金 금	法 법	地 지	示 시	通 통	察 찰

사경의 공덕은 십만억 부처님께 공양한 것과 같은 공덕이 있습니다.

譬如星宿在虛空
비여성수재허공

風力所持無損動
풍력소지무손동

亦如蓮華不著水
역여연화불착수

如是大士行於世
여시대사행어세

住此多作兜率王
주차다작도솔왕

能摧異道諸邪見
능최이도제사견

所修諸善爲佛智
소수제선위불지

사경의 공덕은 십만억 부처님께 공양한 것과 같은 공덕이 있습니다.

人 인	如 여	願 원	得 득	卽 즉	彼 피	願 원
中 중	是 시	力 력	定 정	時 시	復 부	得 득
最 최	第 제	所 소	動 동	供 공	修 수	十 십
上 상	五 오	作 작	刹 찰	養 양	行 행	力 력
眞 진	難 난	過 과	亦 역	千 천	大 대	救 구
實 실	勝 승	於 어	復 부	億 억	精 정	衆 중
道 도	地 지	是 시	然 연	佛 불	進 진	生 생

사경의 공덕은 십만억 부처님께 공양한 것과 같은 공덕이 있습니다.

我아以이種종種종方방便편力력

爲위諸제佛불子자宣선說설竟경

사경의 공덕은 십만억 부처님께 공양한 것과 같은 공덕이 있습니다.

發 願 文

귀의 삼보하옵고

거룩하신 부처님께 발원하옵나이다.

주　소 : ______________________________

전　화 : ______________ 불명 : __________ 성명 : __________

불기 25 ______ 년 ______ 월 ______ 일